글·그림 이지유

서울대학교에서 지구과학교육과 천문학을 공부했다. 어린이와 청소년이 과학책을 읽으며 발견의 기쁨을 느낄 수 있도록 신나게 글을 쓰고 그림을 그린다. 외국의 좋은 과학책을 우리말로 옮기기도 한다. '별똥별 아줌마가 들려주는 과학 이야기' 시리즈, '이지유의 이지 사이언스' 시리즈, '언박싱 과학' 시리즈, 《기후 변화 쫌 아는 10대》 《내 이름은 파리지옥》《나의 과학자들》 등을 지었고, 《모두 충전하는 사이에》 《이상한 자연사 박물관》《꿀벌 아피스의 놀라운 35일》 등을 우리말로 옮겼다.

석탄·석유·원자력으로 본 **기후 변화**

에너지가 문제야!

이지유 글·그림

위즈덤하우스

 들어가는 말

세상에서 가장 **중요한 일**이 뭘까?

뭐긴 뭐야, 먹고 마시는 일이지.
먹는 음식과 마시는 물은 우리 몸의 연료야.
우리가 먹은 음식은 몸속에 들어오면 분해되어 세포로 들어가.
세포는 음식에서 분해된 연료를 태워 에너지를 얻어.
이 에너지 덕분에 체온을 유지할 수 있어.
만약 음식으로부터 에너지를 얻지 못하면 생각을 할 수 없고,
근육을 움직일 수 없어.
음식을 먹고 물을 마시지 않으면 모두 죽어.
내가 죽으면 이 세상이 무슨 소용이야?
내가 보고, 느끼고, 표현할 수 없는 세상은 아무런 의미가 없어.
그래서 먹고 마시는 일이 가장 중요해.
살아갈 에너지를 얻을 수 있으니까.

**그런데 말이야,
먹는 걸 만들 때도 에너지가 필요해.**

전기밥솥으로 밥을 할 때는
전기 에너지가 필요하고
가스레인지에 라면을 끓일 때는
천연가스를 태울 때 나오는 에너지가 필요해.
고기를 구울 때는 숯을 태울 때 나오는
열에너지가 필요하고 말이야.

**그런데 이렇게 중요한 에너지가
골칫거리라지 뭐야?
도대체 왜 문제라는 걸까?
같이 한번 알아보지 않을래?**

 차례

들어가는 말 ▶ 2

석탄이 문제야! ▶ 6

석유가 문제야! ▶ 16

전기가 문제야! ▶ 22

원자력 에너지도 문제야! ▶ 32

지속 가능한 에너지는 어때? → 40

에너지 정의가 문제야! → 48

미래가 문제야! → 58

에너지 미니 백과 ▶ 66

에너지와 기후 변화 Q&A ▶ 68

석탄이 문제야!

캠프파이어를 본 적이 있니?
쌀쌀한 밤에 나무를 쌓아서 불을 붙이고
그 둘레에 둥그렇게 모여서 불을 쬐는 거야.
장작불이 꺼지면 그 재에 고구마나
감자를 묻어서 익혀 먹기도 하고 말이야.

아, 따뜻해!

얼굴 익겠는데!

아주 옛날, 원시인들도 이와 크게 다르지 않았어.
나뭇가지를 주워서 불을 붙이고
그 열로 음식을 익혀 먹었지.
지구인은 아주 오랫동안 나무를 태워 얻은
열에너지로 요리하고 실내를 따뜻하게 했어.
석탄을 발견하기 전까지 말이야.

**어느 날 땅속에서
불이 붙는 돌을 발견했어.
바로 석탄이야.**

짜잔!
바로
나 말이야.

석탄은 수억 년 전 땅 위에 살았던 식물이 변해서 생겨났어.
그 위에 흙이 쌓이고 쌓여 땅속에서 열과 압력을 받은 거야.

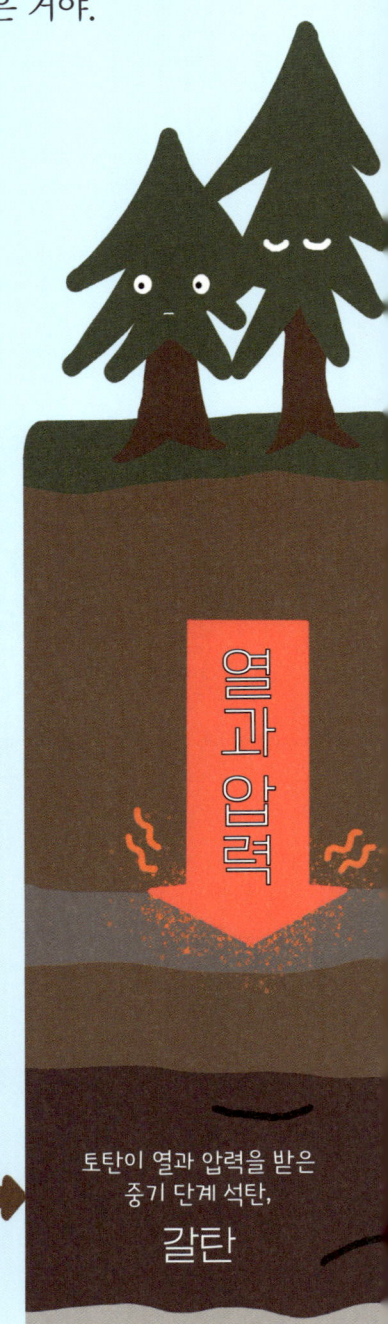

먼저 간다.

어디 가는데?

식물이 썩어서 만들어진
초기 단계 석탄,
토탄

토탄이 열과 압력을 받은
중기 단계 석탄,
갈탄

이렇게 옛날 옛적 생물이 땅속에 남아 생긴 게 뭐지?

**그래, 화석이지!
그래서 석탄을 화석 연료라고 해.**

사람들은 석탄을 잘게 부순 뒤 주먹보다 조금 작은 틀에 굳혀
나르기 쉽고 불붙기 쉽게 만들었어.
석탄을 아궁이에 넣고 불을 붙이면, 훨씬 오래 음식을 끓일 수 있었어.
그래서 나무 대신 석탄을 사용했지.
모양이 조개를 닮아서 조개탄이라고도 불렀어.
할머니 할아버지가 학교에 다닐 때는
겨울에 교실마다 조개탄을 피운 난로가 있었어.
할머니 할아버지한테 물어봐.
분명 이야기해 주실 거야.

열에너지를 얻는 재료가 이렇게 달라졌구나!

난 이제 한물간 거야?

응, 난 더 강하고 오래가니까!

나무   조개탄

혹시 연탄을 본 적 있니?
잘게 부순 석탄을 원통 모양 틀에 넣고 구멍을 뚫어 만든 게 연탄이야.
구멍 사이로 공기가 드나들어 불이 훨씬 더 잘 붙었어.
그리고 석탄보다 불기가 오래갔지.

이제 아궁이에는 석탄 대신 연탄이 들어갔어.
연탄불로 밥을 하고 난방을 했어.
가끔 떡이나 쥐포를 구워 먹기도 했지.

나무, 석탄, 연탄이 산소와 결합하며 만들어 낸 열에너지가 없었다면 인류는 굶주리거나 추위에 떨었을 거야.
우리가 지금 이 순간 이 책을 읽을 수 있는 이유는 음식을 익히고 몸을 데울 수 있는 열에너지 덕분에 인류가 멸종하지 않고 살아남아서야.

그런데 이 땔감은 에너지를 내놓을 때 이산화 탄소도 같이 배출해.
이산화 탄소는 지구 대기의 온도를 올리는 온실 기체야.
적당히 있으면 좋지만,
너무 많으면 지구 온난화를 일으키는 물질이지.
지구 온난화가 심해지면
기후 변화가 걷잡을 수 없이 심해져.

사실 **기후 위기**라 불릴 정도로 이산화 탄소가 많아진 이유는 200여 년 전 발명된 증기 기관 때문이야. 증기 기관은 석탄을 태워 얻은 에너지로 일했어.

이제 증기 기관을 단 기차와 자동차가 달리게 됐어.
증기 기관을 단 기계는
수백 명의 사람이 할 일을 한 대가 너끈하게 해치웠지.
요즘 지구의 기온이 급하게 치솟아
홍수, 가뭄, 태풍, 폭설, 혹한, 혹서가
더 자주 일어난다는 말 들었지?
이게 모두 200여 년 전부터 석탄을 태울 때 나온
어마어마한 양의 이산화 탄소 때문이야.

그런데 석탄만 문제일까?

이산화 탄소를 어쩔 거야?

미안;;

석유가 문제야!

거의 매일 자동차를 타지?
친구들과 수다를 떨며 버스를 타기도 하고,
가족들과 함께 승용차로 놀러 다니기도 해.
자동차가 없다면 어떨까?
걸어서 먼 곳을 가야 한다면?
10분이면 갈 거리를 1시간은 걸려 도착할 거야.
자동차가 없을 때는 말, 낙타 같은 동물을 타고 다녔어.
동물이 먹이를 먹고 내놓는 에너지를 사용한 셈이지.
1885년에 독일 사람 카를 벤츠가 석유로 움직이는 엔진을 만들고
그 엔진으로 바퀴를 움직이는 장치를 발명했어.
바로 자동차야.

이때부터 인간은

석유를 태워 얻은 에너지로 먼 곳을 빠르게 갔어.

내 덕이지!

석유는 수억 년 전 바다에 살던 플랑크톤이
바다나 호수 밑에 가라앉은 뒤

그 위에 흙이 쌓이고 쌓여

오랜 시간 동안 열과 압력을 받아 생겼어.

석유를 품은 지층이 바다 위로 솟아오르면
땅에서 석유가 나는 거야.

석유가 나오는 곳을 유전이라고 해.
어떤 층은 여전히 바다 밑에 있기도 한데,
그런 경우 해저 유전이라고 하지.

석유가 발견되는 곳에는 가스가 같이 나오기도 해.
이런 걸 천연가스라고 부르지.
가스레인지를 켜면 불이 붙지?
여기 쓰인 게 바로 천연가스야.

과학자들은 석유를 끓이면 휘발유, 등유, 경유 등
다양한 연료가 나온다는 사실을 알았어.
자동차는 엔진의 종류에 따라 휘발유를 쓰기도 하고 경유를 쓰기도 해.
엔진을 더욱 크게 만들어 바다를 건너는 배를 만들고
하늘을 나는 비행기도 만들었어.
물론, 모두 석유를 먹고 일을 하지.

**문제는 말이야, 자동차와 비행기가
엄청나게 많은 이산화 탄소를 배출한다는 거야.
1킬로미터 움직이는 동안 나오는 이산화 탄소를 비교해 보면
비행기가 자동차보다 3배나 많아.**

**이렇게 공기 중으로 배출된 이산화 탄소는
기온을 높이고, 기후 변화를 불러오지.**

우리가 변한대.
와, 기대돼!
변신 준비 중
뜨끈 뜨끈

전기가 문제야!

아침에 일어나면 가장 먼저 하는 게 뭐야?
화장실에 달려가 전기 스위치를 켜고
소변을 보고 이를 닦고 세수를 하지?
아니, 그게 아니라
스마트폰을 먼저 확인한다고?

나 없인 못 살걸?

그래 뭘 먼저 해도 상관없어.

중요한 건 전기 에너지가 없으면 아무것도 할 수 없다는 거야.

화장실 불도 켤 수 없고 스마트폰도 쓸 수 없어.
물론 엘리베이터를 타고 오르내릴 수도 없지.
이처럼 전기 에너지는 아주 중요해.

서울에서 부산까지 2시간 30분 만에 가는 KTX 알지?
이 기차도 전기로 가는 것 알고 있니?

전기 자동차는 또 어떻고?
밤사이 전기 콘센트에 충전해 전기로 달리는 차 말이야.
이처럼 우리 생활은 모두 전기로 이루어져 있다고 해도 틀리지 않아.

게다가 전기는 얼마나 깨끗한지 몰라.
냉장고와 세탁기를 아무리 써도 집에서 이산화 탄소는 나오지 않아.

세탁기를
돌리는 것도 나!

고속 열차나 전기 자동차도 마찬가지야.

전기 자동차를
움직이는 것도 나!

이제 고속 열차는 대부분 전기 에너지로 달려.
전기 자동차는 매연을 뿜지 않는 것은 물론이고
엔진 소리조차 들리지 않아.
그래서 고속 열차와 전기 자동차는
이산화 탄소 배출을 줄이는 데 딱 맞는 운송 수단이야.

전기 에너지를 쓰면
온실 기체도 안 나오고
지구 온난화도 멈출 수 있는 거야.

천하무적

좋아!
모두 전기 에너지로 바꾸자!

그런데……

왜? 왜?

뭐가 문제냐고?

전기 에너지를 만드는 화석 연료가 문제야.

얼마 전까지만 해도 전기 에너지는 화석 연료를 태워서 만들었어.
석탄을 태워서 물을 끓이고 그 수증기로 터빈을 돌리면
터빈이 돌아가면서 전기 에너지를 생산해.
이렇게 화석 연료를 태워서 전기를 얻는 공장을
화력 발전소라고 해.
전기는 깨끗한 에너지 같지만 실은 그렇지 않아.
전기 에너지를 만드는 동안
어마어마한 양의 이산화 탄소가 나오거든.

석탄 태우는 건 난로랑 똑같네.

수증기

석탄

뭐? 그런 줄 몰랐다고?
전기를 왜 아껴 쓰라는지 이제야 알았다고?
바로 그거야.

**화력 발전으로 만든 전기를 쓰면 쓸수록
지구 대기로 더 많은 이산화 탄소가 배출돼.**

그래서 오래전부터 화석 연료를 써 오던 선진국은
화력 발전소를 줄이고 다른 방법으로 전기를 만들려고 애쓰지.

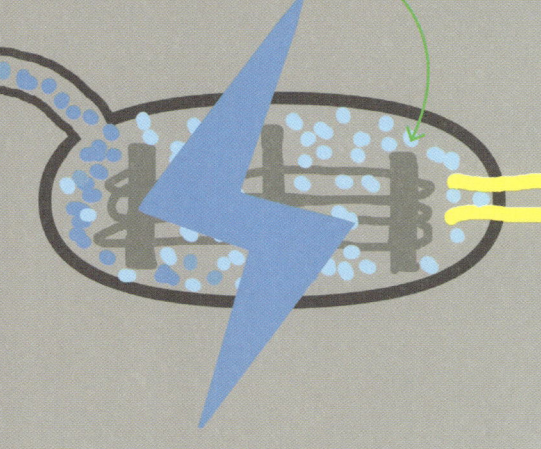

화력 발전소

터빈
기체나 액체한테서 받은 운동 에너지로
돌아가면서 전기를 만드는 장치야.

그런데 화력 발전만 문제일까?

원자력 에너지도 문제야!

조금 먹어도 많이 먹은 것 같은 음식이 있니?

뭐? 그런 음식이 있으면 너무 좋겠다고?

그래, 그렇겠다.

여러 과학자들도 비슷한 생각을 했어.

아주 작은 양으로
큰 에너지를 내면 얼마나 좋을까? 하고 말이야.
그래서 탄생한 게 바로 원자력이야.

원자력은 어떻게 생겨났냐고?

원자, 원소 이런 말을 들어 본 적 있니?

이 세상은 100개가 넘는 원소로 이루어져 있어.

학교에서 만나는 친구와 선생님은 얼굴, 키, 몸무게가 모두 다르지만

탄소, 수소, 산소, 질소, 인, 칼슘 외 여러 가지 원소로 이루어져 있지.

인간을 이루는 원소는 모두 같다는 뜻이야.

우주를 이루는 원소를 모아서 표로 만든 것이 주기율표야.

주기율표에는 118개의 원소가 표시되어 있는데, 더 발견될 수도 있어.

위의 주기율표에서 92번이 무엇인지 찾아봐.

알파벳 U라고 써 있지? 우라늄이야.

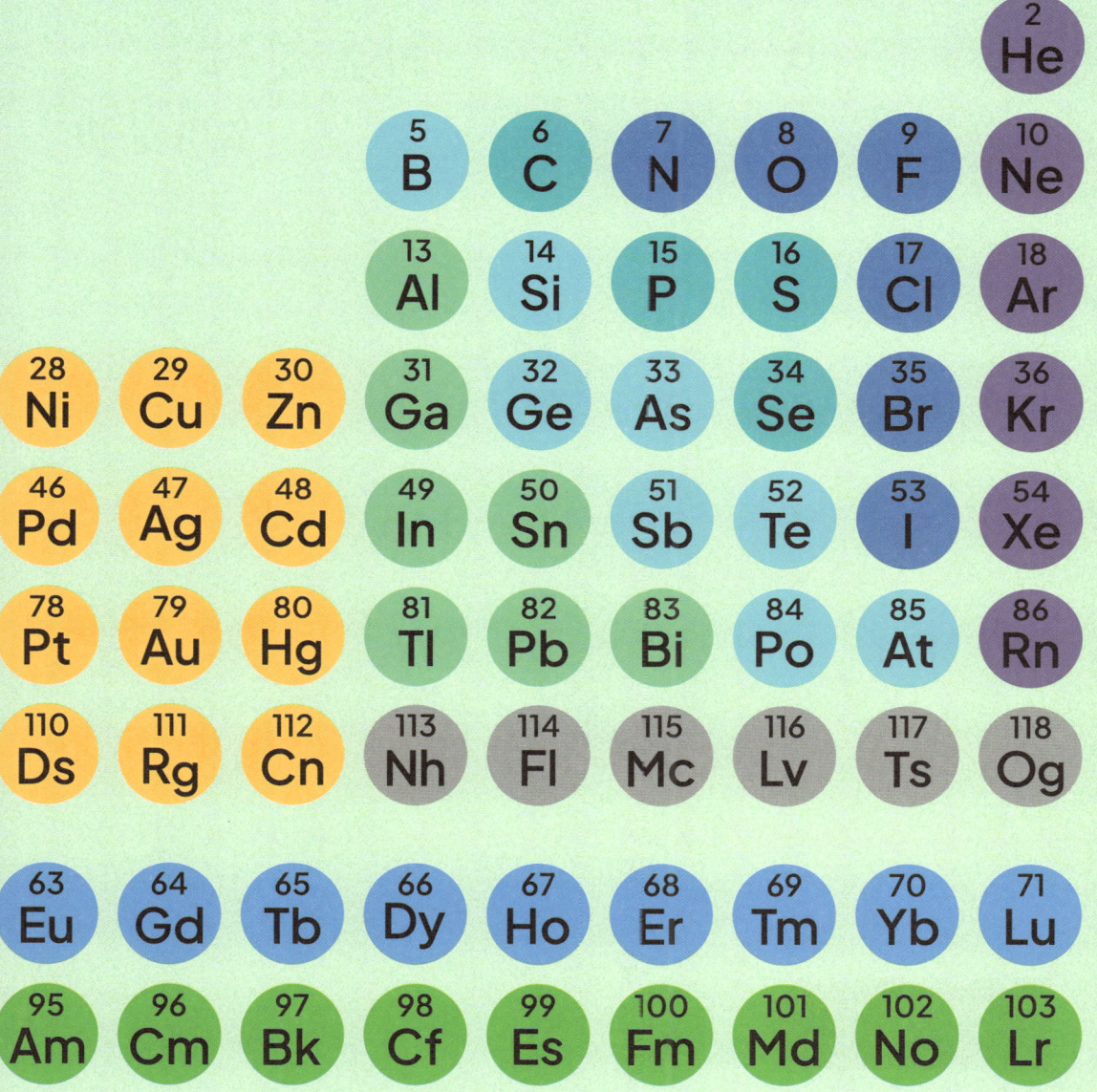

이번엔 94번 찾아볼래? Pu, 플루토늄이야.
이 무거운 원소들은 핵이 분열할 때 무시무시한 에너지를 내.
과학자들은 이 원소들이 핵분열을 천천히 할 수 있는 방법을 연구했어.
엄청난 에너지가 짧은 시간에 나오면 폭탄이 되니까 말이야.

1942년 페르미라는 유명한 과학자가 최초로
핵분열을 아주 천천히 하는 실험에 성공했어.
우라늄 같은 원소는 아주 적은 양만 있어도
큰 에너지를 얻을 수 있었어.

우라늄 원자핵

우라늄이 핵분열 할 때 나오는
어마어마한 열로 물을 끓이고
거기서 나오는 수증기로 터빈을 돌리면
전기가 만들어지지.
화력 발전소는 열을 화석 연료에서 얻고
원자력 발전소는 열을 핵분열에서 얻어.
열을 얻는 방법만 다를 뿐이고
물을 끓이고 터빈을 돌려 전기를 얻는 과정은 같아.

여기까지 이야기를 들으면 원자력 발전이 훨씬 좋아 보여.
하지만 꼭 좋은 것만은 아니야.

핵이 분열할 때 나오는 빛과 열이 매우 위험해.

원자력 발전소에서는 핵폐기물이 나와.
핵폐기물에서는 여전히 강한 방사성 빛이 나오지.
이 빛은 생명체의 DNA를 파괴해.

그래서 이 빛을 쪼인 사람은 병에 걸리거나 바로 죽기도 하고
다음 세대가 기형으로 태어나기도 하지.
핵폐기물을 버린 지역에선 아무런 생명체도 살 수 없어.
그래서 핵폐기물을 잘 처리하는 것이 매우 중요해.

핵분열 할 때 나오는 어마어마한 빛과 열 때문에 사고도 종종 일어나.
2011년에 일본의 후쿠시마 원자력 발전소가
녹아내리는 사고가 일어났고,
1986년에 우크라이나의 체르노빌 원자력 발전소에선
폭발 사고도 일어났어.
이런 사고가 일어나면 주변 지역이 죽음의 땅으로 변해.
오염된 물이 바다나 지하수로 흘러 들어가면
생태계에 심각한 문제를 일으키고 말이야.

발전소를 짓는 데 시간과 비용이
훨씬 많이 든다는 것도 문제야.
다양한 방법을 생각하고 있지만,
우리가 안심하고 에너지를 얻기엔 여전히 문제가 있어.

나럼 어쩌지?

도시에서 멀리 떨어진 곳으로 캠핑을 가 본 적 있니?
만약 그곳에 전기가 들어오지 않는다면 어떨까?
전기 없이는 하루도 살 수 없는데 말이야.
방법은 있어.
자연으로부터 에너지를 얻는 거야.

혹시 나 말이니?

사람들은 아주 오래전부터 물의 힘을 사용해 왔어.
물이 떨어질 때 생기는 힘으로 바퀴를 돌려
곡식을 찧었거든. 이게 바로 물레방아지.
그런데 아주아주 큰 폭포 아래에
물레방아 대신 터빈을 놓으면 어떨까?
물이 떨어지는 힘으로 터빈을 돌려 전기를 만들겠지?
이게 바로 수력 발전소야!

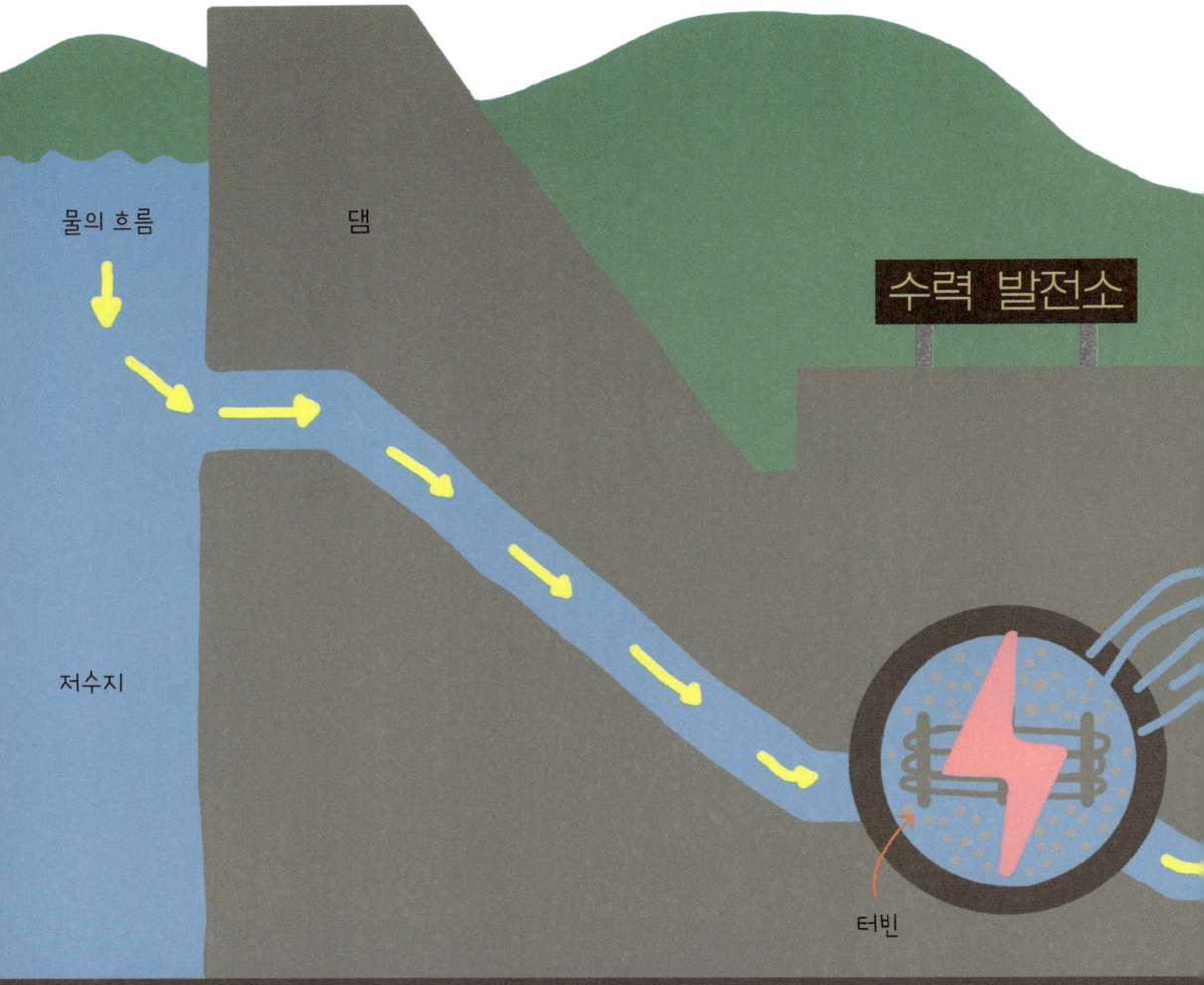

수력 발전소는 어느 곳에서도
이산화 탄소가 나오지 않아.

이처럼 지구의 환경에 해를 입히지 않고
다음 세대의 삶을 파괴하지도 않는 에너지를
지속 가능한 에너지라고 해.

전기 에너지

물은 대단해!

**태양광 전지로 전기 에너지를 만들 수도 있어!
햇빛이 좋은 지역에선
넓은 땅에 태양광 전지를 설치해 태양광 발전소를 지어.**

태양 빛으로 만든 전기 요금이
화력 발전소에서 만든 전기 요금보다 싼 곳도 생겼어.
햇빛을 전기로 만드는 과정을 보면
환경에 해를 주는 물질이 전혀 나오지 않아.
지속 가능한 에너지의 좋은 예라 할 수 있지.

빛을 받아라!

바람으로도 전기를 만들 수 있어!
이런 걸 풍력 발전이라고 해.

풍력 발전기는 아주 거대한 바람개비처럼 생겼어.
길이가 50미터 이상인 거대한 날개를 세 개나 단 바람개비야.
이 날개가 바람의 힘으로 돌면서 터빈을 돌려.
그리고 터빈에서 전기가 생기는 거지.

**이 방법들이 모두
완벽하게 지속 가능한 것은 아니야.**

수력 발전소를 지으려고 강을 막는 바람에 마을이 물속에 잠기거나
생물의 서식지가 사라져서 멸종하는 생물이 생겼어.

태양광 전지를 만드는 과정에서 환경이 중금속으로 오염되어
생물의 서식지가 파괴된 곳도 있어.

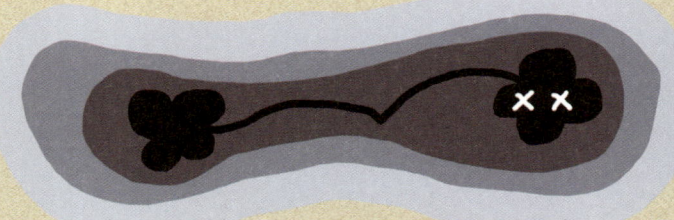

풍력 발전기 때문에 새들이 죽기도 하고 말이야.

지속 가능한 에너지가 이산화 탄소 배출을 줄이긴 하지만 다른 생물이 살아갈 터전을 망치는 것은 막아야 해.

다른 생물을 모두 죽이면서 인간만 살아남았다고 생각해 봐.

인간은 지구에서 얼마나 오래 살 수 있을까?
결국 인간도 멸종하고 말 거야.
그러니 지구의 모든 생물이 함께 살아갈 수 있도록 애써야 하는 거지.

지구상에는 200여 개의 나라가 있어.

국경이 있어서 다른 나라로 가려면 엄격한 심사를 거쳐야 해.

이처럼 땅에는 경계선이 있지만

공기는 자유롭게 지구 모든 곳을 떠돌아.

지구의 대기는 일정한 흐름이 있어서 오랜 시간이 흐르면

결국 모든 공기가 뒤섞일 수밖에 없어.

이산화 탄소도 마찬가지야.

화석 연료 덕분에 일찍이 큰돈을 번 나라가 있어.
요즘 선진국이라 불리는 나라들이지.
선진국은 화석 연료를 써서 공산품을 만들어 팔아
부자가 되었어.

**그러니 지금 지구 온난화를 일으킨 나라는
선진국이라 해도 틀리지 않아.
후진국은 화석 연료를 써서
무언가를 만들 기술이 없으니까.**

**이산화 탄소 총 배출량은
선진국이 후진국보다 훨씬 많아.**

선진국은 지구 온난화에 책임이 있어.
그래서 화력 발전소 대신 물, 햇빛, 바람으로
전기 에너지를 만들기로 했어.

2030년까지 지속 가능한 에너지를 이만큼 늘리겠습니다!

미국
재생 에너지 3배 확대!

영국
전력 부문 이산화 탄소 배출 0!

유럽 연합
재생 에너지 비중 42.5%로 확대!

*2023~2024년 각국 발표 내용 기준

지켜보겠어!

그런데 지구상에는 아직도 나무를 베어서
땔감으로 삼아 밥을 짓고 난방을 하는 사람들이 있어.
나무를 베니 자연 환경이 망가지고 하루 종일 나무를 태우니
이산화 탄소가 계속 나오지.

나무가 없는 곳에서는 옷이나 비닐을 태워 음식을 하기도 해.
그런 곳은 숨 쉴 수 없을 만큼 공기가 나빠.
이런 나라는 화력 발전소를 세워
전기 에너지를 공급하는 편이 훨씬 좋아.

갸우뚱

나무랑 옷을 계속 태우니까
이렇게나 많아졌어.

화력 발전소에서 나오는 이산화 탄소의 양이
나무나 옷을 태울 때 나오는
이산화 탄소보다 적을 수 있으니까.

발전소를 세우는 것뿐 아니라
전기 시설과 상수도 시설도
새로 건설해야 해.

화력 발전소

그러면 먹을 물을 얻으러 몇 킬로미터씩 다니느라
학교에 못 가는 아이도 안 생기지.
마을이 깨끗해지면 돌림병도 없어져.
병으로 고생하는 사람도 줄어.
물론 사망자 수도 줄지.
화력 발전소를 지어 전기를 만드는 것이
나라를 바꾸는 거야.

돈이 없고 사회 제도도 제대로 갖추지 못한 후진국은
지구 온난화를 걱정할 처지가 아니야.
나무를 땔감으로 쓰는 사회가
어떻게 지속 가능한 에너지에 신경을 쓰겠어?
그러니 이런 나라에는 화력 발전소를 지어
전기 에너지를 쓸 수 있도록 도와주는 것이 좋아.
이산화 탄소가 공기 중으로 나가지 않도록 잡아 둘 기술도
선진국에서 개발해 알려 주어야 하고 말이야.
선진국이 어떻게 돈과 기술을 후진국보다
먼저 가지게 되었는지 생각해 봐.

지구의 공기는 모두 통하기 때문에
선진국 후진국 가리지 않아.

지구 온난화와 기후 변화로 인한
위기를 이겨 내려면
온 지구가 함께 노력해야 하는 거야.

다 같이 천천히 가자.

에너지를 국가별로 잘 배분하는 것은 지구 전체의 운명이 걸린 문제이기 때문이야.

내가 공평하게 에너지를 주니까 분배도 공평하게!

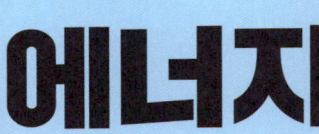

정보를 투명하게 공개해야지!

에너지 분배에도 정의가 필요해.

공정하게

정의

누구도 차별받지 않게

에너지 정의 만세!

환경 정의 기후 정의도 함께!

취약 계층을 살펴야 해!

지구 온난화로 연평균 기온은 자꾸 오르고 있어.
기온이 더 오르지 않으려면
대기에 있는 온실 기체의 양을 줄여야 해.

대표적인 온실 기체는 이산화 탄소이니
이산화 탄소를 더 배출하지 않아야 하고,
이미 배출된 이산화 탄소를 다시 흡수해야 해.
우리가 이산화 탄소를 다 마실 수도 없고…….

그럼 어떻게 해야 할까?

만약 주변에 새 차를 사려고 하는 사람이 있다면
전기차를 사라고 조언해 주는 것이 좋아.
물론 지속 가능한 에너지로 만든 전기를 써야겠지.

만약 도시 계획에 관심이 있는 어린이라면
전기 자동차 충전소 근처에 태양광 전지를 설치하고
바로 옆에 수리점을 짓는 계획을 세워 볼 수도 있어.
자동차만 바꾸는 것이 아니라 도시 전체를 바꾸어야 해.

경제나 상거래에 관심이 있는 어린이라면
환경을 고려한 국제 거래에 대해 알아보는 것도 좋을 거야.
요즘 국제 사회에선 어떤 물건을 만들 때
지속 가능한 에너지를 이용해서 만든 것만 사고팔겠다고 선언해.
그렇지 않은 물건은 높은 세금을 물려 값이 비싸지지.
사람들은 비싼 물건을 사지 않아.
그러니 기후 변화와 아무런 관계가 없을 것 같은 회사도
결국 지속 가능한 에너지를 개발하고 쓰지 않으면 물건을 팔 수 없어.
이런 걸 ESG 경영이라고 해.

농촌에 사는 어린이라면 내가 살고 있는 지역의
전기가 어디에서 오는지 조사해 봐.

한국전력공사에서
확인할 수 있어.

왜냐하면 인구 밀도가 낮다고 전기를 조금만 공급할 수도 있거든.
그래서 비닐하우스 난방을 전기로 하지 않고
석유를 쓰는 발전기를 돌리기도 해.
이런 발전기를 쓰면 농촌의 환경이 깨끗해질 수 없어.
만약 내가 사는 지역에 전기 공급이 적다면
마을 어른들에게 전기 공급을 늘려 달라는
민원을 넣으라고 조언하는 것도 좋아.
이런 사실을 모르는 어른도 많거든.

혹시 미래 에너지를 연구하고 싶다면 수소 에너지에 관심을 가져 봐.
비행기, 커다란 배를 만드는 산업은 전기 에너지만 쓰라고
할 수 없는 분야야. 전기만으로 큰 비행기가 날 수 없거든.
그래서 대안으로 떠오른 것이 수소를 연료로 사용하는 거야.
하지만 이 방법은 아직 연구 중이야.
현재 지구상을 돌아다니는 비행기, 배를 모두 움직일 만큼
완성되지 않았어.
완성되지 않았다는 건 아주 좋은 거야.
할 일이 남아 있다는 거니까.

너희 주변에 있는 어른은 어릴 때
아무도 기후 변화에 관한 공부를 하지 않았어.
당연히 장래 희망을 꿈꿀 때 환경에 대한 고려도 없었지.

하지만 너희는 달라.
기후 변화와 기후 정의 교육을
제대로 받은 어린이들이니까.

하고 싶은 일이 무엇이든,
모두 환경과 연결 지어
생각하게 될 거야.

환경을 생각하는 어린이 멋져!

너희는 어른과 다른 방식으로
생각하고 행동해.
**결국 이 세상을
바꿀 거야.**

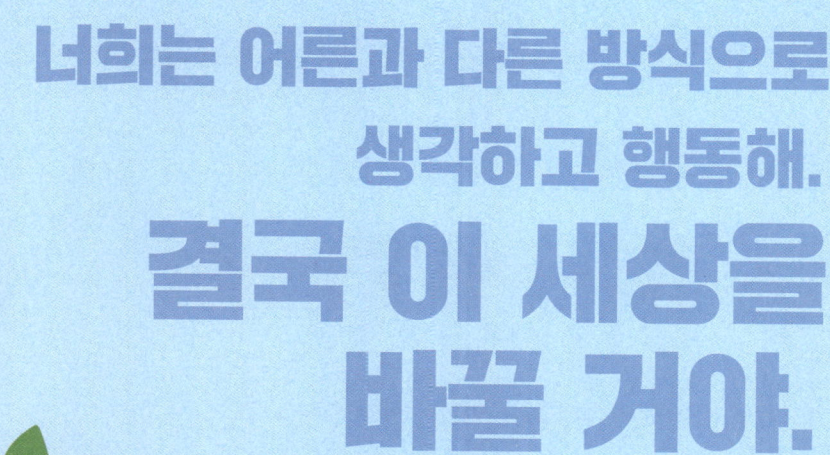

더 나은 세상을
기대해!

한눈에 **개념 쏙쏙**
에너지 미니 백과

⚡ 에너지 ⚡

에너지는 '일을 할 수 있는 능력'이에요. 원래는 과학의 한 분야인 물리학에서 주로 썼는데, 운동 에너지, 위치 에너지, 열에너지. 전기 에너지, 화학 에너지, 핵에너지 등 과학 연구의 목적에 따라 에너지의 종류를 다양하게 나누고 연구하지요. 그런데 이제 에너지라는 말은 일상생활에서 더 많이 쓰이고 있어요. 예를 들어 볼게요. 석유를 태우면 자동차도 움직이고 비행기도 날게 할 수 있지요? 석유에는 일을 할 수 있는 능력이 있는 거예요. 그래서 석유 에너지라고 하지요. 마찬가지로 전기는 냉장고와 선풍기가 돌아가게 할 능력이 있어요. 전기 에너지인 거예요.

에너지원

일을 할 수 있는 능력이 나오는 근원 물질을 에너지원이라고 해요. 에너지원은 석유, 석탄, 물, 전기, 원자력, 태양, 바람, 수소 등 다양한 것이 있어요.

에너지를 만드는 에너지

풍력 에너지, 태양광 에너지, 원자력 에너지 등 수많은 종류의 에너지를 찾아볼 수 있는데, 이 에너지들이 하는 일은 전기 에너지를 만드는 거예요. 에너지가 에너지를 만드는 거지요.
그럼 재미난 생각을 하나 해 볼까요? 어린이는 세상을 바꿀 능력이 있지요? 그럼 어린이 에너지라고 부를 수 있는 거예요. 어린이 에너지 만세!

에너지원의 종류

1. 화석 연료
석유, 석탄, 천연가스 등 오래전 지구에서 살았던 생물이 땅속 깊은 곳에서 열과 압력을 받아 생겨난 연료를 화석 연료라고 해요. 화석 연료는 타면서 열을 내요. 이 열로 엔진 안에 있는 피스톤을 빠르게 움직여 바퀴를 돌리면 차가 움직이고, 터빈을 돌리면 전기를 만들 수 있지요. 화석 연료를 태워 열을 얻고, 그 열로 물을 끓여 증기를 얻은 후 그 증기로 터빈을 돌려 전기를 만드는 공장을 화력 발전소라고 해요.

2. 원자력 연료
땅속에는 지구가 처음 생길 때 우주에서 섞여 들어온 '방사성 동위 원소'가 있어요. 우라늄도 그중 하나예요. 우라늄처럼 스스로 핵분열을 해서 열을 내는 것을 원자력 연료라고 하고, 이 열로 물을 끓여 증기를 만들고 그 증기로 터빈을 돌려 전기를 만드는 공장을 원자력 발전소라고 해요.

3. 지속 가능한 연료
'지속 가능하다'는 말은 현재의 삶을 풍요롭게 만들면서 미래의 삶 또한 지금처럼 풍요롭게 이어지게 한다는 뜻이에요. 현재의 삶을 풍요롭게 하려고 미래 세대가 쓸 자원을 끌어다 쓰는 것은 지속 가능한 방식이 아니에요. 지속 가능한 연료란 현재 가져다 써도 미래 세대의 삶에 영향을 주지 않는 연료라는 뜻입니다. 그런 연료는 무엇일까요? 햇빛, 바람, 폭포에서 떨어지는 물, 수소를 들 수 있어요. 이 연료는 태양과 지구가 존재하는 한 사라지지 않아요.

에너지 정의

에너지 정의란 모든 지역 사회 구성원이 에너지를 쉽고 싸고 깨끗하게 이용할 수 있도록 행동하는 거예요. 에너지 정의를 이루기 위한 목표 설정과 에너지 분배 과정은 민주적으로 이루어져야 해요. 에너지를 만들거나 분배하는 과정에서 소외되는 공동체가 있어서는 안 돼요.

궁금증을 시원하게 풀어주는
에너지와 기후 변화 Q&A

Q. 석탄, 석유, 천연가스, 원자력, 지속 가능한 에너지 중 지금 우리나라가 전기를 만들 때 가장 많이 쓰는 건 무엇이죠?

2024년 통계에 따르면 화석 연료인 석탄, 천연가스, 석유를 태워 얻은 전기는 우리나라 전체 전기의 각각 28.1%, 28.1%, 0.2%로 합이 56.4%이고, 원자력 발전소에서 만들어지는 전기는 31.7%, 지속 가능한 에너지로 얻은 전기는 겨우 10.5%예요. 그러니 우리나라는 여전히 화력 발전으로 만드는 전기의 양이 훨씬 많아요. 화력 발전은 이산화 탄소 배출이 많아요.

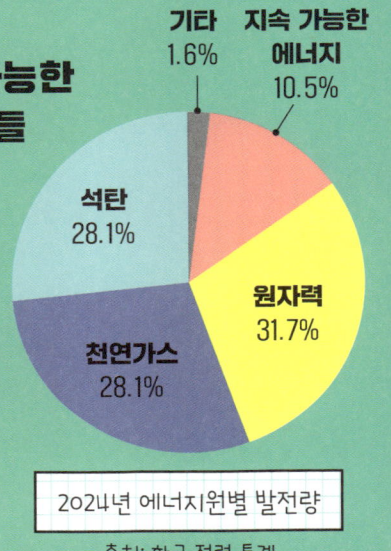

2024년 에너지원별 발전량
출처: 한국 전력 통계

Q. 온실 기체가 나오는 게 다 에너지 때문인가요?

온실 기체의 종류는 많습니다. 메테인은 이산화 탄소보다 온실 효과가 81배나 큰데, 땅속에 매장되어 있다가 기온이 오르면 대기 중으로 더 많이 방출돼요. 이 밖에도 아산화 질소, 수소 불화 탄소, 과불화 탄소, 육불화황 등 이산화 탄소보다 온실 효과가 큰 기체들이 있지만, 위험한 것은 사용을 중지해 더 이상 방출되지 않아요. 또 양이 너무 적어 이산화 탄소의 영향력에 비할 바가 아니지요.

지구 온난화에 큰 영향을 주는 것은 이산화 탄소입니다. 다른 온실 기체보다 양이 어마어마하게 많기 때문이에요. 이산화 탄소는 주로 화석 연료를 태울 때 나옵니다. 전기를 만드는 발전소에서 나오고, 철을 만드는 제철소에서 석탄을 태울 때 나오고, 자동차, 비행기, 배를 움직일 때 나오지요. 그러니 온실 기체가 나오는 게 다 에너지 때문은 아니지만 가장 큰 원인은 에너지인 것이 맞습니다.

지속 가능한 에너지

 **에너지가 기후 변화에 미치는 영향은 몇 퍼센트 정도쯤 되나요?**

그걸 정확하게 알 수는 없습니다. 우리가 미처 알지 못해서 측정하지 못한 기후 변화의 원인이 있을 수 있으니까요. 하지만 에너지가 기후 변화에 큰 영향을 준다는 점은 확실한 사실입니다. 인간이 에너지를 얻기 위해 이산화 탄소를 배출하고 그 양이 너무 많아 기후 변화가 위기의 수준에 도달했다는 것은 사실이니까요. 원인을 정확히 알고도 그냥 둘 수는 없지요.

지속 가능한 에너지란 말이 너무 어려워요. 왜 이런 말을 쓰는 건가요? 재생 에너지나 친환경 에너지랑 같은 말 아닌가요?

'지속 가능'이란 미래 세대에 집중한 용어입니다. 현재 필요한 것을 충족하기 위해 미래 세대가 쓸 자원을 끌어오는 것은 옳지 않다는 가치가 포함된 말이에요. 반면 재생 에너지나 친환경 에너지는 물질의 순환에 초점을 맞춘 용어입니다. 그러니 지속 가능한 에너지가 조금 더 업그레이드된 용어라고 볼 수 있지요.

 **원자력은 왜 지속 가능한 에너지가 아니에요?**

우라늄은 지구가 생길 때 우주에서 섞여 들어온 물질로, 석탄이나 석유처럼 인간이 땅속에서 캐낼 수 있는 우라늄의 양은 한계가 있어요. 또 우라늄은 시간이 흐르면 핵분열을 해서 열을 내고 나중에는 납으로 변해요. 그러니까 지구에 있는 우라늄은 날이 갈수록 줄어드는 거지요. 한 번 변한 우라늄은 원래 모습으로 돌아오지 않아요. 그러니 원자력 에너지원인 방사성 원소는 지속 가능한 에너지가 아니지요.

 **태양광 에너지 말고 태양열 에너지도 있다고 들었어요. 둘의 차이가 뭐예요?**

태양광 패널에 태양 빛이 닿으면 빛 에너지가 바로 전자의 흐름을 만들어 즉시 전기 에너지를 생산할 수 있어요. 이런 걸 태양광 에너지라고 해요. 반면 판에 가는 관을 깔고 그 관 안에 물을 흘리면, 빛을 받는 동안 물이 데워지겠지요? 그 더운물을 잘 보관했다가 온수로 쓰고 난방도 할 수 있어요. 물이 열을 얻은 거지요. 이것은 태양 빛을 열로 바꾸어 사용한 경우예요. 그래서 태양열 에너지라고 하지요.

태양광 에너지

빛을 모아 전기로!

태양열 에너지

열을 이용해 물을 데워 난방으로!

Q 화석 에너지뿐 아니라 지속 가능한 에너지도 지구 환경을 다치게 한다면 우리는 도대체 어떤 에너지를 써야 하죠? 문제가 하나도 없는 에너지는 세상에 없는 건가요?

지속 가능한 에너지 자체는 아무런 문제가 없습니다. 지속 가능한 에너지를 쓰기 위해 발전소를 짓는 과정에서 생긴 다양한 일들이 문제예요. 예를 들면 풍력 발전소를 철새가 지나는 길목에 짓는다면 철새는 길을 잃거나 죽겠지요. 나중에는 멸종해서 종의 다양성을 해칠 수도 있습니다. 종의 다양성이 줄면 미래 세대는 지금은 예상하지 못한 어려움을 겪을 수 있어요. 태양광 발전을 위해 멀쩡한 숲을 밀어 버리는 일도 마찬가지입니다. 수소는 너무 가벼워 우주로 날아갈 염려가 있어요. 세상에 문제가 없는 에너지는 없어요. 그 문제를 민주적인 과정을 통해 해결하는 것이 중요하지요.

기후 변화

Q 에너지를 아끼면 기후 변화가 사라질까요?

기후 변화는 지구가 생긴 이래 늘 있었어요. 생물이 적응하지 못할 정도의 급격한 변화인 기후 변화가 있어도 지구는 언제나 평형점을 찾았습니다. 기온이 급격히 오른 뒤에는 다시 낮추어서 평형점을 찾고, 급격히 내려간 뒤에는 다시 기온이 올라 평형점을 찾았지요. 변화하지 않는 것이 오히려 위험해요. 문제는 인간과 생물이 적응하지 못해 지구상에서 사라질지도 모른다는 점이지요. 기후 변화의 속도를 좀 늦춘다면 그런 비극적인 결과는 오지 않을 거예요. 그러기 위해선 에너지를 아끼기보다 에너지를 얻는 방식을 바꾸면 돼요. 화석 연료를 쓰지 않고 지속 가능한 방식으로 에너지를 얻으면 아끼지 않아도 기후 변화의 속도를 늦출 수 있어요.

물론 지금처럼 화석 연료로 자동차를 움직이고 전기를 얻는다면 에너지를 아껴야겠지요. 중요한 점은 이산화 탄소를 배출하지 않는 거예요.

석탄·석유·원자력으로 본 기후 변화

에너지가
문제야!

초판 1쇄 인쇄 2025년 8월 12일
초판 1쇄 발행 2025년 8월 19일

지은이 이지유
펴낸이 최순영

교양 학습 팀장 김솔미
키즈 디자인 팀장 이수현

펴낸곳 ㈜위즈덤하우스 **출판등록** 2000년 5월 23일 제13-1071호
주소 서울특별시 마포구 양화로 19 합정오피스빌딩 17층
전화 02) 2179-5600 **내용문의** 02) 6748-3802
홈페이지 www.wisdomhouse.co.kr **전자우편** kids@wisdomhouse.co.kr
ⓒ이지유, 2025.
ISBN 979-11-7171-464-3 73500

• 이 책의 전부 또는 일부 내용을 재사용하려면 반드시 사전에 저작권자와 ㈜위즈덤하우스의 동의를 받아야 합니다.
• 인쇄·제작 및 유통상의 파본 도서는 구입하신 서점에서 바꿔드립니다. • 책값은 뒤표지에 있습니다. • 이 책의 사용 연령은 8-13세입니다.